둥지에 부는 바람

둥지에 부는 바람

류인명 제2시집

신아출판사

시인의 말

첫 시집을 낸 뒤로 내 설익은 낱말들이 마음 한 구석에 내내 지워지질 않고 있었다.

두 번째 시집은 새롭게 변해보려 했지만 여전히 머리에서 가슴까지의 거리가 먼 것만 같다.

시는 "삶을 멈추고 듣는 것"이라 했는데 이 진부한 언어들이 말의 홍수시대에 말의 공해가 될까 두렵다.

그러나 완성된 그림 하나를 위해 다시 퍼즐을 맞추어가며 삶과 사물의 이면에 가려진 맨 모습을 찾기 위한 나의 불면의 밤은 멈추지 않으리라.

노벨문학상을 수상한 '헤밍웨이'는 그의 대표작 가운데 하나인 『노인과 바다』를 무려 200번이나 고쳐 썼다지 않은가.

더욱 정진하여 진실을 말하고 따뜻한 시집 한 권 세상에 내놓는 일을 희망의 끈으로 삼으며 이 시집을 삼가 어머님의 영전에 바친다.

이 시집이 세상에 얼굴을 내밀기까지 도움을 주신 김동수 교수님, 소재호 시인님, 김승방 화가님, 송희 시인님께 거듭 감사드린다.

2014년 가을

삼천동 12층 書齋에서

度谷 **류인명** 적음

차례

제2부

네 그리움의 징검다리를 딛고

제3부

상相이 상相이 아닌 줄 알면

제4부
마음은 언제나 날개를 달지만

제1부

삶이 던지는 물음

"그대가 어디로 가고 있는지도 모르고
또 자신이 누구인가를 알려고 하지 않는 것
그것이 참으로 슬픈 것"이다
- 류시화의 「삶이 나에게 가르쳐준 것들」 중에서

시 한 편

적수천석滴水穿石의 다짐을 하고
시를 쓰기 시작한 지

청산이
몇 번의 회랑을 돌았던가

새벽잠을 설치며
허허바다에 낚시를 드리우고
때로는 투망질도 해보았지만

나는 여전히
빈 그물만 걷어올리는
가난한 어부

얼마쯤 가면
나도 월척 하나 건지려나

길을 가다
얻어먹은 물 한 바가지 같은

그런 시 한 편

가로등

길 건너 가로등 하나
밤새 어둠을 지키고 서 있다

삼백 예순 날
오직 그 자리

눈비가 내리고 바람이 불면
또 하루는 얼마나 고단했을까

너무 고지식해서 못났고
가슴 싸하도록 고마운
너 가로등이여

그 허구한 날
이마에 붉은 띠 한 번
맬 줄 모르는

너는
바보 같은 성자

네가 있어 나는
이 밤도 편히 잠들 수 있다.

밤을 뒤척이다

칼바람에
알몸의 나무들 밤새 신음하는 소리

나도 알몸이 되어
밤을 뒤척인다

산정을 향하여
바위를 밀어 올리고 또 밀어 올리는
시지프스의 형벌처럼

생각은 또
생각의 끝을 딛고 가지만
그 생각마저 미끄러지는 밤

아! 생사의
이 오고감이여

그곳은
알 듯 알 수 없는
퍼즐 맞추기

누가 있어
산 너머 그곳을 알 수 있다 하는가.

낙조

해 저문 바닷가
사람들의 발길도 이젠 뚝 끊기었다

하늘과 바다가 맞닿은 곳
망연히 수평선을 바라보고 서 있으면

끝없이 몰려왔다가
발끝에서 부서지는 소리
그것은

자아를 실현하지 못한
한 영혼의 독백이리라

뭍에 사는 사람들이 그리워
산산조각이 나면서도
한사코 오르려 했던 네 고독한 도전

이제는 다 내려놓고
썰물로 돌아서야 할 시간

파도가 부서진 자리
수평선 너머 일몰이 서럽게 아름답다.

우물 안 개구리

외진 산골 마을에
오래된 두레박 샘 하나 있었지

어느 생에서부터의 인과인지
개구리 한 마리
그곳을 벗어나지 못하고

낮이면
손바닥만 한 하늘에
언뜻언뜻 구름 몇 조각을 읽고

밤이면
뒷산에 부엉이 울음소리
그 외로움을 삼키며

하늘을 꿈꾸던
어느 날

천 길 두레박에 몸을 싣고
온몸으로 뛰어오르는 순간

나는 세상을 알았지

삶은
보이는 만큼 느낀다는 것을…

바람의 경

모악산
그 아늑한 산의 정상에 올랐다

산에 올라
다시 올라온 길 내려다보며
생각에 잠기면

산죽을 스치고 가는 바람 소리
큰 울림으로 귀에 박힌다

산다는 것은

순간순간 삶이 던지는 질문에
답해야 하는 것은
나 자신이며

그 해답도
오직 자기 안에 있다는 것을
알아야 한다고

가만히 일러주는
바람의 아포리즘이었다.

늙은 호박

양지바른 낮은 언덕에
늙은 호박 하나 잘 여물고 있다

나이가 든다는 것은
모나지 않게 잘 익는 것

연륜이 깊어질수록
세상을 둥글게 품어야 한다 하면서도
순간을 바라보지 못하고

돌아서서 후회하는
이 어리석음

넝쿨에 가려
있는 듯 없는 듯

잘 보이려고 자리다툼도 하지 않고
그냥 둥글둥글 익어가는

너는
이 시대의 참군자로구나.

산의 고독

산 그림자 호수에 빠져
자신을 고독 속에 가두고 있다

고독은
자기와 만나는 일

자기와의 만남은
곧 신의 음성을 듣는 것

소리만 요란하게
너무 멀리 온 것 같아

석양 노을에
닮아 오르는 얼굴

얼마나 닦아야
내 마음 저리 맑고 깊어지려나.

그 휘어진 길

나 어릴 적
수업료 못 내고 쫓겨 오던 길

깊은 곳에
깊은 만큼 상처도 깊어

혼자서 안고 가는
내 아픈 이야기들

새벽부터 서둘러
보리밥 몇 숟갈 물에 말아
허기를 채우고

검은 교복 물결 속에
삼십 리 자갈밭 신작로를
단숨에 달려갔다가

선걸음에 그만 쫓겨 오던
그 휘어진 길

돌아서는 발걸음이 너무 무거워
그만 하늘을 보고 달렸지.

치과에 가던 날

간밤에
큰 바람이 불었다

뿌리째 흔들리던 큰 기둥 세 개가
한 순간 넘어지는 소리

가슴이
철렁 내려앉는다

칠십 령 굽이 돌아
내 외길 인생

어둠과 전쟁을 치르며
밤이 낮이 되고
다시 밤이 되기를 거듭하는 동안

그 푸르던 것들이
하나둘씩 부서지는 아픔

차에 올라 액셀레이터를 밟는 순간

허무 하나가 벼랑을 타고 내리는데

그 천 길 물속을
곁에 앉아 있는 아내는 알기나 할까.

선고유예

오늘은 마음먹고 병원엘 갔다

내 안의 어디가 막히고 고장이 났는지
피를 뽑고 엑스레이를 찍고 심전도와 초음파 검사를 받았다

검진 결과를 기다리며
얼마쯤의 시간이 지나고 간호사가 내 이름을 호명하는 순간, 초조한 마음을 누르며 담당의사 앞으로 갔다

언제나 그 앞에 서면 작아지는 나
화면을 짚어가며 설명이 이어지는 동안
나는 마치 판결문을 경청이라도 하듯 긴장이 풀리지 않았다

수돗물이 흐려 수도관이 좁아지고
하수도 역시 곳곳이 부실하니 술을 끊고 운동을 하라는
이 경고성 주문을 마음에 받아 적으며 나는

언젠가 받아야 할 형의 선고를

일정 기간 유예한다는 의미로 받아들이며 몸 관리를 잘 하여, 면소 처분을 받겠다는 다짐을 하고 나와 처방전을 받았다

아! 생生 노老 병病 사死의 고통이여
이 굴레를 벗어나는 길이 해탈이라 했던가.

잘못 들어선 길

봄을 맞으러
아내와 같이 서둘러 남녘으로 갔다

구례, 산동에서 꽃구경하고
돌아오는 길

섬진강 흐르는 물 따라
땅 끝까지 달려보고 싶었는데

점령군처럼
온 산과 마을을 뒤덮어버린
노란 깃발들

그 향기에 취해
한순간 잘못 들어선 길

다시 유턴할 수 없어
빗나가버린 하루

지난날
내 생의 오독을 곰곰이 되짚어본다.

마이너스 통장

퇴근길에 거래은행에 들렀다

현금 인출기에
통장을 밀어 넣는 순간
마이너스 잔고가 나를 씁쓸하게 한다

한 생이
늘 그렇게 빠듯하기만 했던
내 초라한 그릇

내가 지은 복이려니 하다가도
잘난 채 하는 자들을 보면
갈등하는 나

오늘의 자산은
어제의 결과인 것을

내 인생의 예금통장에는
다음 생을 위한 저축이 얼마나 될까.

생일 날

내 생일 아침
손주들의 '생일축하' 노래 따라 부르는 순간

지난날이
가슴 아릿하게 다가온다

발령장 하나 들고 훌쩍 떠나고 나면
아내는 다섯 새끼 거느리고
이곳저곳 철새가 되어 따라다니던

내 집 마련의
그 간절했던 꿈

달팽이도
제 집을 끌고 다니건만

셋방살이 일곱 번을 옮겨 다니다가
도회지로 전보 발령받아
처음으로 기와집 한 채 마련하고

등기권리증 손에 쥐던 날

세상을 다 얻은 것 같은 기쁨 엊그제 같은데
나는 너무도 멀리 왔구나.

구름다리

강천산
산허리에 걸린 구름다리

사람들의 짐이 버거워
허공이 흔들리고 있다

삶은
가파른 외줄타기

차안과 피안이
눈앞에 지척인데

내딛는 발걸음은
왜 이리 무거울까

아내와 나
구름의 다리를 딛고

한 발 한 발
생의 강을 건너고 있다.

잃어버린 마음

마음을 열고 가는 개심사
세심동洗心洞 표지석 앞에서 마음을 씻고
불이문에 들어서면
왕벚꽃, 청벚꽃이 한데 어우러져
4월의 산사가 가히 한 폭의 동양화다
백색, 적색, 연한 녹두색까지
오색 빛깔에 그만 마음까지 흔들려
언젠가 없어질 가면 하나 사진기에 담느라
까맣게 놓고 온 마음
그 잃어버린 마음 찾으러 나는
다시 오르막 계단을 허겁지겁 뛰어올랐다
심검당尋劍堂 앞 왕벚꽃 아래서
나를 기다리고 있던 안경이 든 가방
반가움에 달려가 그를 덥석 잡는 순간
“마음을 잃으면 마음도 열 수 없다.”는
죽비 같은 소리가
돌아오는 길 내내 마음에서 떠나지 않았다.

둥지에 부는 바람

고목 한 그루가
바람에 흔들리며 서 있다

모든 걸 다 내어주고
빈 들녘에 홀로
하늘을 이고 서 있는

석양의
저 붉은 흔들림

산 그림자
자꾸만 길어지고

한 무리의 새 떼들
노을 속으로 날아간 뒤
소식이 없는데

새끼들이
머물다 간 자리

미루나무 공중 거처에는
종일, 바람이 차구나.

제2부

네 그리움의 징검다리를 딛고

"시란 영혼의 음악"이다
- 볼테르, 프랑스 시인, 철학자, 계몽사상가

몽돌

비안도
그 후미진 바닷가에서

정표로 주워온
몽돌 하나

억년의
묵언 수도승이다

거센 물결에 부대끼며
그 아픈 뒤척임

제 몸 닳아
저리 거듭나기까지

또, 안으로는
얼마나 많은 시간을
무두질했을까

몽돌 하나에서
억겁의 세월을 읽는다.

아침 풍경

이른 아침부터
작별의 순간을 서두르고 있다

밤새 내린 이슬이
영롱한 눈물방울이 되어

삶의 모퉁이처럼
그렁그렁 맺혀 있다

아! 찬란한 저 슬픔

민들레 홀씨가
허연 백발이 되어

바람의
동행을 기다리며

오월의 천변에서
아름다운 이별을 만나고 있다.

그 슬픈 연가

시 쓰는 문사들을 따라
새벽 열차에 몸을 실었다

남녘의 땅
오동도 그 난간

아직도 겨울은 떠나지 못하고
머뭇거리고 있는데

오지 않는 사람 기다리며
오직 그 한 자리

벼랑 끝을 지키고 서 있는
저 여심의 절개

그 간절한 기다림이
선연한 핏빛이 되어

남도의 해변을
빨갛게 물들이고 있었다.

얼굴

중천에
그리운 얼굴 하나

무슨 말을
꼭 하려는 듯

뚫어지게
나를 바라보고 있다

야밤
삼경이 지나고

나의 빈 뜨락에
귀뚜라미 우는 소리

이제, 나도

그만
잠이 들 시간인데…

말

길을 걷다가
호수에 빠진 산 물끄러미 바라본다

산이 너무 아름다워
물수제비 하나 뜨는 순간

산의 고요가
그만 산산이 부서진다

지금까지 살아오면서

거르지 않고
내뱉은 말들이

나와 남을 찌르는
가시가 되어

만나고 끊어진 인연들을 생각하며
가던 길을 다시 걷는다.

그리움의 징검다리

멀리서
지난날들이 가까이 오고 있다

참았던 말들이
얼룩이 되고

얼룩은
아득히 별이 되어

가슴 싸하도록
그리운 사람

아! 멀리 있어
가까운 사람아

너의 발자국 소리는
들릴 듯 멀어

나는, 이 밤

네 그리움의 징검다리를 딛고
은하를 건너고 있다.

굴레

한 자락의
소슬바람이 스치고 간 자리

노란 가을이
우수수 쏟아지고 있다

길을 끌고 가는
그것들을 물끄러미 보고 있으면

문득,
생각 하나가 나를 붙든다

홀연히 왔다가
사라지는 바람

어쩌면 나의 전생은
한 그루 나무였을까

가다가 서고
가다가 또 뒤돌아보고

긴 세월을 돌아
서러운 날들이 굴러가고 있다.

길 위에서

달팽이 한 마리
거리를 가늠하면서 길을 가고 있다

길 위에서
마디마디 씻기고 할퀸
생의 이력들

지나온 길은
곳곳에 돌부리도 많아
늘 혼자서 아팠지만

그래도
놓아버리지 않고 건너온
그 아슬아슬한 밧줄

삶은 그렇게
자기의 길을 가는 것

길은 멀어도
자신과의 만나는 일에 길들이며

남은 길을 가다가

그날이 오면
하늘에 오색 무지개 하나 그으리라.

몽당연필

무슨 그림 그리다가
이렇게도 많이 닳아버렸나

생각하면 내 잃어버린 시간들
부질없이 나이테만 그었구나

지금까지 내 캔버스에는
어떤 무늬의 그림이 그려졌을까

찬찬히 들여다보면
지우고 싶은 얼룩도 많지만
이미 엎질러진 물

이젠 소멸된 길이보다
남아 있는 내 작은 한 토막이
더 소중하기에

조금 남은 이 몽당연필로
못다 그린 그림 그리다가

그날이 오면 한 마리 새가 되어
저 높은 창공을 나르리라.

풀꽃 사랑

나비 한 마리가
풀꽃 사이를 헤집고 날아다닌다

한 걸음도 다가갈 수 없는
애타는 가슴

꽃들은
서로가 먼저 얼굴을 내민 채
미소를 짓고

나비는 여기저기 기웃거리다
마음 끌리는 꽃으로 날아가
무아의 성을 쌓는다

바람에 흔들려도
서로를 놓아버리지 못하는
입술과 입술

가슴에서 한바탕
격정의 순간이 지나고 나면

향기에 취한 나비
담장 너머로 하늘하늘 사라진다.

꿈나무를 지키다
– 나의 교정일지 1

먼 산이
뜨거운 불덩이 하나 밀어 올리면

뒷산이 잠에서 깨어
기지개를 켠다

차들의 긴 행렬이
꼬리에 꼬리를 물기 시작하면

아이들의
깃 치는 소리

신록이 물드는 교정은
초록의 물결로 꿈틀거린다

아!
찬란한 이 아침

저 푸른 초원은
내일의 희망이기에

나는
오늘도 그 꿈나무를 지키고 있다.

하교 시간
– 나의 교정일지 2

아이들이 썰물처럼 빠져나간 자리
정적이 무겁게 쌓인다

간간이 나뭇잎이
바람에 흔들리는 소리가 들릴 뿐

뒷산에 뻐꾸기 울음소리도
운동장에 아이들 뛰노는 소리도
지금은 모두가 뚝 그쳤다

텅 빈 교실
창밖에 산 그림자 내려와서
적요를 삼키고

학교 버스 하나둘
교문 밖으로 미끄러지면

나의 그림자도
그 뒤를 따라 총총히 교문을 나선다.

꽃등

– 나의 교정일지 3

아무도 눈길 주지 않는
후미진 길가에 튤립 몇 포기

저마다 등 하나씩
훤히 내걸었다

줄지어 걸려 있는
빨간 등, 노란 등

간헐적으로 스치고 가는
한 자락 실바람에도

미소로
아이들을 맞고 서 있는
저 예쁜 꽃등

제 몸 스스로 살라
어둠을 환하게 밝히고 있다.

조팝꽃이 피면
– 나의 교정일지 4

학교 운동장
길가에 핀 조팝꽃 한 무더기가 하얗게 눈부시다

나 보릿고개 넘을 때
저 고봉으로 푼 흰 쌀밥 한 무더기면
온 동네가 잔치를 벌이고도 남을 텐데

오늘 점심시간
잔밥통에 버린 흰 쌀밥이 부끄럽구나

사방에서
소문 따라 날아든 벌 나비 떼들
오랜만에 횡재라도 만난 듯

다닥다닥 좁쌀 같은 꽃술을 입에 문 채
떨어질 줄 모르고

나는 내 키보다 웃자란
지난날을 물끄러미 바라보고 서 있는데
아이들은 무심코 그 앞을 지나쳐버린다

아! 늘그막에 새벽밥을 지으시던 어머니
조팝꽃 수북이 피면 지난날이 울컥 목에 걸린다.

내가 흔들릴 때

– 나의 교정일지 5

모악산 정수리에
검은 구름이 장막을 짙게 드리우고 있다

언제나 과묵하고
푸근함이 깃들어 있는 산

황소 한 마리가
땅에 엎드려 천년의 치성을 끝내고
승천을 하려는 순간일까

이곳에 와서
아이들과 웃고 즐기며
만나고 헤어지는 동안

꽃들이 피고 지기를
몇 번이나 거듭했던가

너는 내가 흔들릴 때
가까이 와서 등을 다독여주던
내 어머니 같은 산

오늘도
손에 잡힐 듯 내 눈앞에 우뚝 서 있구나.

개나리꽃, 그 함성
– 나의 교정일지 6

노란 개나리꽃이
아이들의 계주를 응원하고 있다

양쪽 언덕으로 나뉘어
마치 교정이라도 떠나갈 듯
일제히 내지르는

저, 우레 같은 함성

순위가 바뀔 때마다
열기는 더욱 뜨거워지고

노란 물결은
성난 파도가 된다

길 건너 담장 밖에서도
벚꽃이 시샘을 하듯
함박웃음 활짝 터뜨리고 있는데

사월이
또, 그렇게 가고 있다.

느티나무, 그 적막

새 떼들이 허공에서 까맣게 쏟아져 내리더니
느티나무 속으로 쏜살같이 숨어버린다
먼발치서 그곳에 이를 때까지
불꽃 튀는 공방은 절정에 이르고
서로가 자기만 옳다고 쏟아놓는 무질서한 말
느티나무 한 그루가 마치 시장바닥 같다
내가 저들의 속내를 귀담아 들은 것 같아
못 들은 척 그곳을 가만가만 빠져나오려는데
일순간 조용해지는 세상
새들은 나를 철저히 외면한 채
서로가 팽팽한 긴장감만이 감지되고 있었다
숨소리마저 멈춰버린 이 고요
그곳을 한참 지나올 때까지
느티나무는 무거운 적막을 이고 서 있었다.

제3부

상相이 상相이 아닌 줄 알면

●
●
●

"子曰 詩三百에 一言以蔽之하니 曰 思無邪니라"
- 공자는『시경』300편의 시를
"생각이 사악함이 없는 것"이라 했다(논어 위정편)

너의 뒷모습

벌초를 마치고
돌아오는 길에 큰딸아이의 집에 들렀다
고3 외손녀를 차에 태우고
어둑어둑 불빛을 가르며
교문 앞까지 데려다 주었다
무거운 책가방 등에 메고
어둠 속으로 총총히 사라지는 그 모습
다시는 보이질 않는다
공부 좀 하겠다고 어미 곁을 떠나와서
기숙사 생활 3년씩이나
너는 '선생님'이 꿈이라고 했었지
꿈 너머 네 가는 길이 설핏설핏 보인다
이제 수능시험도 60일 남짓
긴장의 끈은 하루하루 조여만 오는데
문득, 배곯으며 공부하던
내 전설 같은 지난 이야기들이 살아나
울컥한 마음 자동차 액셀레이터를 밟는다.

성원아 파이팅!

아내의 계절

잠든 아내를
물끄러미 바라보고 있다

엊그제 푸른 가시를 세우던 장미였는데
어느새 단풍이 드는구나

산모퉁이를 돌아가면
기슭에 희끗희끗 서릿발이 내리고
뱃살도 사뭇 자리를 잡았다

눈가엔 작은 실개천이 모여
커다란 강줄기를 이루고

삶의 증언처럼
푸석푸석한 빈 들녘

그것은
당신이 걸어온 길이리라

강줄기를 따라

아득히 기억의 무늬를 더듬어 올라가면

문득
명치끝이 짠하게 아리어 온다.

핏줄 2

– 승한承翰이 생일 아침에

오늘, 칠월 칠석七夕
견우와 직녀가 서로 만나는 날

우린
몇 겁의 징검다리를 건너서
만난 인연일까

이런 만남을
"맹귀우목盲龜遇木"이라 했던가

열 손가락 깨물어 안 아픈 손가락 없지만
너는 대승공大丞公 33세 손

우리 가문의
상량이요 기둥이라

부디
바르고 튼튼하게 잘 자라서
세상의 소금이 되길

네 생일 아침
이 할아버지 간절히 빌고 또 빈다.

※ 맹귀우목盲龜遇木: 열반경涅槃經에 사람의 몸 받아 태어나기 어렵고 또 불법을 만나는 것이 마치 대해 가운데서 눈먼 거북이가 물에 뜬 나무의 구멍을 만나는 것 같다고 비유한 것.

백팔 염주

– 금산사 템플 스테이를 마치던 날

말이 끊어진 자리
금산사 그 적멸보궁에서

외손녀, 소리 유진이와 함께
백팔 배로 마음을 비웠다

시종
이 할아비를 따라 일 배하고
마음 하나 실에 꿰고

또 일 배하고
망념 하나 지우고

비 오듯
쏟아지는 업장을 씻어내며

오체투지로
백팔염주 완성하는 순간

그것들의 초롱초롱한 눈에서
나는 불성佛性을 보았다.

고향의 느티나무

천년을 건너온
고향 마을의 느티나무 한 그루

지금도 그 자리에
옛날처럼 서 있구나

너는 늘그막에도
그늘 넉넉하게 드리워

수고하는 이들의
쉼터가 되어주고 있는데

나는 누구에게
작은 그늘이라도 내어 주었던가

고향의 지킴이
너, 정자나무여

너를 볼 때마다
나는 늘 부끄러운 마음뿐이구나.

그 다랑논

나 어린 시절
한 해 농사는 오직 하늘만 바라보아야 했다
하지가 지나도록 가뭄이 계속되면
모내기는 그만 때를 놓치고
논바닥은 거북이 등처럼 쩍쩍 갈라지고 말았다
긴긴 봄날 하늘에는 구름 한 점 보이지 않고
비가 올 기미는 그 어디서도 감지되질 않았다
나는 일요일이면
호젓한 산모퉁이를 돌아 그 목새배미로 가
무거운 메 괭이를 들어 오뉴월 뙤약볕을 찍으면
뿌옇게 솟아오르는 먼지
내 가슴도 어머니 가슴도 까맣게 타들어갔다
얼마 후 어머니는 그 논을 팔아
내 눈을 틔어주셨건만
나는 지금도 그 빚을 가슴에 지고 살아가는
평생 빚쟁이가 되고 말았으니
그 천수답, 상전이 벽해가 되었어도
불볕에 그을린 흔적은 지금도 아물지 않고 있다.

인연

나뭇가지 끝에 내려앉은
박새 한 마리

지나가는 사람들을
물끄러미 굽어보고 있다

땅거미가 내려도
그 자리 떠날 줄 모르는

저 작은 새 한 마리

한생을 훨훨 태우다
잉걸불이 되지 못한
전생 하나가

그곳에 두고 온
인연의 끈 놓지 못하고

저리 깊은
사념에 들고 있는 것일까.

내 무덤가에

학교 뒷산
공동묘지가 나른한 햇살에 졸고 있다

하나같이 고만고만한
작은 봉분들

한생을 어떻게 살다 갔는지
가슴 뜨거운 묘비명 하나 남기지 못한 채
한 평의 땅을 비집고 누워있는가

어떤 사람은
죽어서도 화려한 명당을 차지하고
호화로운 비문까지 남기고 가는데

시다운
시 한 줄 쓰지 못한 나
가고 나면

내 무덤가에
무엇이 남을 건가

곰곰이 뒤돌아보니
아등바등 살아온 내가 부끄럽기만 하다.

어디로 가십니까

지난가을
나뭇가지 하나가 그만 부러지더니

남은 가지마저 끊어지는 소리
가슴이 철렁 내려앉는다

모진 바람에
그리도 오래 시달리시더니

바람의 언덕에
실가지 하나 남겨두고

누님!
어디로 가십니까

한뿌리에서 만난 인연들이
하나둘씩 다 가버리고

우리 인연도
여기까진가 봅니다

이제 내 존재의 근원을 아는 사람은
이 땅에는 아무도 없습니다

누님! 편히 가십시오.

그림자를 불사르다

– 형님의 49재를 마치며

금산사 가는 길 작은 암자에서
극락왕생을 기원하는 스님의 염불소리를 따라
오체투지합니다
골수암으로 전이되어 중환자실에 누워계실 때
더 이상 손을 쓸 수 없다는 사실도 모르고
간절한 표정으로 나를 바라보시던
당신의 그 눈빛을 차마 잊을 수가 없습니다
마지막 효자공원 화장장에서
그 무거운 그림자를 불사르고
한 줌의 뜨거운 재를 고향의 선영 아래 뿌린 뒤
49일 동안 나는
한 줄 쓰고 삼배하고 또 한 줄 쓰고 삼배하며
육필로 한 자 한 자 써내려간
『금강경』 무상경전을 당신의 제단에 바치고
이제 남은 손길 하나가
당신의 속세를 모두 불사르오니
이 반야의 금강석을 나침반 삼아
그 어디에도 매이지 않는 대자유를 누리소서!

빈 깡통

빈 깡통 하나
길바닥에 납작 엎드려 있다

누군가
단물만 빨아먹고 던져버린
저 빈껍데기

소리만 요란하게 굴러다니다
삶의 여기저기가 밟힌 채
그만 백지장이 되었구나

무심한 발길

얼마나 밟고 갔으면
저리 바닥까지 무너졌을까

밖은 안을 담고 있을 때
비로소 존재의 의미가 있는 것

나는
무엇을 담고 살아왔는가.

사금파리가 되다

선달 그믐날
백자 항아리 하나 그만 깨뜨리고 말았다

쨍그랑
한순간 가슴이 내려앉는다

하늘에서 초롱초롱 반짝이던
『반야심경』 이백육십 자가
한낱 사금파리가 되어버리는 순간

나는 한동안
그것들의 신음 소리만 지켜보고 있었다

한바탕 폭풍이 지나가고
흩어진 잔해를 하나하나 수습하는 동안
문득 떠오르는 생각 하나

"상이 상이 아닌 줄 알면 여래를 보리라."는
사구게四句偈, 한 구절을 중얼거려보지만
너를 쉽게 보내지 못하는 것은…

묵은해를 보내며
우리 집 액厄막이가 되어준 너 백자 항아리여

모든 것은 성주괴공成住壞空이 아니던가.

생을 꿈틀거리다

낙지 한 마리
끓는 물을 벗어나려고 저항을 한다

집게가 그 목을 누르자
체념이라도 한 듯

움켜쥐고 있던 생을
힘없이 놓아버린다

그 위로
한 줌의 콩나물이 뿌려지고

다독다독
숟가락으로 가는 길 다독여주면
한생이 모두 끝나버린다

아! 생존을 위한
저 완강한 몸부림

나는 염치없이

토막 난 살점 하나 입에 넣고
소주잔을 비우자

그놈은 여전히
내 안에서 생을 꿈틀거리고 있었다.

아우성 소리

길을 잃어버린 '볼라벤'이
고향의 선산마저 덮치고 가버렸다

아름드리 적송이
산의 곳곳에서 나뒹굴고

동강난 상처는
또, 상처를 덮었다

이곳에 날아와
싹을 틔우고 뿌리를 내린 지
어언 반백 년

잦은 태풍에도
잘 버티며 선영을 지켜 주었는데

올여름
'볼라벤'의 무자비한 습격으로
나무들은 속수무책이었다

태풍이 할퀴고 간 골짜기
여기저기서

쓰러진 소나무들의 아우성 소리가
내 가슴을 찢는다.

빗장을 풀다

열리지 않는 문
아내가 빗장을 그만 단단히 걸어 잠갔다

며칠 전
내 말의 가시에 찔린 상처가
아직도 아물지 않은 듯

오늘
부처님 오신 날

암자庵子로 가는 차 안에는
무거운 침묵이 흐르고

승용차도 투덜거리며
그 꼬부랑 비탈길을 오르고 있었다

반백 년의 세월에도
좁혀지지 않는 간극

법당에

가난한 등 하나 밝히고
백팔 참회하는 순간

아내와 나 사이에 가려진 두터운 휘장이
서서히 걷히기 시작했다.

폭우가 쏟아지던 밤

만해축전을 마치고
용대리의 '강풍경'으로 날아들었다

메고 간 짐 다 풀어놓고
북천 흐르는 물에 발을 씻은 후

그곳, 정각에 둘러 앉아
손뼉을 치며 이름 부르기를 시작으로
뒤풀이가 시작되었다

밤이 깊어갈수록
주체할 수 없는 역마살

불칼이 우주의 휘장을 찢고
장대비가 육모정을 대각선으로 내리쳐도
시간이 멈춰버린 밤

술병도 노랫소리도
바닥이 나고

우리들은

또 하나의 추억을 만들고 말았다.

※ 강풍경: 강원도 인제군 북면 용대리에 있는 숙소

그 섬에 또 가고 싶다

점점이 떠 있는 고군산 열도
그곳으로 가는 뱃길은 한 폭의 그림이었다

신선이 노닐었던 섬
너를 보고 싶은 설렘이 파도를 타면
마음은 벌써 너를 만나고 있다

지극히 낮은 곳으로 내려
모든 걸 다 받아들이고
세상을 하나로 품는 네 깊고 넓은 가슴

섬과 섬을 지나 그리운 곳에 가 닿으면
망주봉 은빛 모래사장에서
에메랄드빛 그 해맑은 물비늘 앞에서

우리들은 모두가 신선이 되어
저마다 한 편의 시를 지었다

아! 그리운 선유도
너를 두고 돌아설 때

선녀봉에 지는 해를 붙들어놓고
술잔에 아쉬움을 따라 마시던 절해의 고도

그 섬에
다시 또 가고 싶다.

제4부

마음은 언제나 날개를 달지만

●
●
●

"나의 시는 어머니에게로 가는 길"이다
– 시인 이상국

용담호, 그 물속에는

굽이굽이
푸른 물결을 휘돌아 가면

애환이 서려 있는
그곳, 용담호

호수에
가을 산이 풍덩 빠져
요지부동이다

산허리를
한껏 휘어 감고 있는
저 깊은 가슴

용 비늘
그 싯푸른 물속에는

천년의 꿈틀거림이
큰 똬리를 틀고 있으리라.

사리가 된 말

나 어릴 적
뒷산에 쑥국새 혼자서 울어 싸면

산도
따라서 울었지

흐느끼는 그 산울림은
밭이랑을 매시던 우리 어머니
가슴 터지는 소린 것을

그때는
왜 몰랐을까

한생을
살아오면서

말이 되지 못하고
당신 가슴에 사리가 된 말들이
내 안에 꿈틀거리면

나도 너처럼
소리 내어 울고 싶을 때가 있다.

안과 겉

산도 한 삼십 년은 보아야
산이 보인다던데

얼마나 오르면
산이 보일까

너는 천 길 벼랑 끝에
나뭇가지를 물고 있듯
묵언 수도승

안과 겉은
둘이 아닌 하나인데

네 안을 보지 못하고
겉만 보고 올랐던

멀고도 가까운
너, 산이여

산을 오르는 것은

나를 찾아가는 만행의 길

산을 오르며
산의 위대한 침묵을 듣는다.

그곳은 무더위가 없던가요

어머니!
불볕더위가 연일 37℃를 오르내리며 기승을 부리는
올여름은 유난히도 당신 생각이 간절합니다

오늘 아침
"80대 노인 콩밭에서 숨진 채 발견" 이란 티브이
뉴스를 보다가 당신의 한생이 울컥 목울대를 타고
넘어와 그만 하늘을 보고 말았습니다

봄부터 가을걷이 끝날 때까지
뽑아도 뽑아도 끝이 없는 잡초와의 전쟁을 치르시며
다 내어주고 빈 껍질로 살다 가신 어머니

세월이 가면 잊힐 줄 알았는데
자식 노릇 한 번 제대로 해보지 못한 회한이
이렇게도 가슴에 못이 될 줄을
이제 와서 때늦은 후회가 무슨 소용이 있으리요

어머니
그곳은 무더위가 없던가요

당신은 나의 근원이시기에
제가 할아비 되어서도 두고두고 속으로 울어야 합니다.

이름을 삭제하다

한동안 소식 뜸해서
수소문해보면 벌써 갔다고 하더이다

냇물처럼 뒤척이며
흘러온 길

삶이 어디 별건가
그렇게 앞서거니 뒤서거니
흘러서 가는 것

주소록을 넘기며
세월 밖으로 가버린 이름 위에
줄을 그으면

그 자리에
다시 살아나는 얼굴

연륜이 늘어나면서
결별의 시간은 잦아지고

아! 언젠가는
나도

누군가에게
슬픔이 되어 총총히 떠나야 할 것인데…

여래의 미소

지리산 실상사에서
약사여래불 친견하던 날

중생들의 손에
반질반질 닳아진 부처님의 손

그 손 어루만지며
내 육신의 병 거두어주시라고
간절히 발원했더니

부처님, 빙그레 웃으시며
나직이 이르시는 말씀

마음의 병 고치면
육신의 병도 사라지나니

"몸에 병 없기를 바라지 말고
병고로써 양약을 삼으라."는
그 자비로운 미소

나는 그 법문을 마음에 새기고
서둘러 일주문을 나섰다.

수심교를 지나며

– 백담사, 만해축전에 참가하던 날

백담사,
그곳 화엄실 앞에 서면 지난 역사가 필름처럼 지나간다

"국민 여러분이 가라고 하는 곳이면 조국을 떠나지 않는 한 속죄하는 마음으로 어느 곳이라도 가겠다."며 대국민 사과문을 발표한 후 부인과 함께 연희동을 총총히 나서던 그 모습이 상기도 눈에 선한데

강산이 몇 번을 거듭하도록 지난 인과에 시달리고 있는 그 황혼이 딱하기만 하다

씁쓸한 마음을 딛고 만해 동상 앞에 서는 순간 숙연한 마음, 처처에 말은 많아도 어른의 목소리가 들리지 않는 이 시대에 죽비 같은 당신의 사자후獅子吼가 그리워진다

감옥의 애국지사들을 생각하며
한겨울에도 불을 지피지 않으시고 심우장 냉돌 위에서 입적하신 당신은 이 민족의 꺼지지 않는 영원한 등불이 시외다

극명하게 대비되는 두 삶을 보며 수심교修心橋를 한 발 한 발 지나는 동안 흐르는 계곡물 소리가 청량한 법음이 되어 내 영혼을 촉촉이 적시고 있었다.

간월도

바다 위에
우람한 연꽃 한 송이 피었다

무학 대사가
달을 보고 홀연히 깨우쳤다는
간월암看月庵

그곳은
섬이 육지가 되고
육지가 섬이 되는 두 모습

그도 바닷바람에 씻기고
세월에 그만 낡아버렸구나

오백 년 고목 한 그루가
허공 가득 꽃을 피웠는데

달은 보지 못하고
파도만 보고 돌아온 길

나는 서둘러 길가에
작은 소원 탑 하나 쌓고 왔다

멀리서 파도가 허옇게 몰려와
길을 지우기 전

풍경소리

모악산 자락
대원사 처마 끝에 물고기 한 마리

바람의 무상경전을
설하고 있다

그곳, 대웅전 앞에 앉아
땀을 식히고 있으면

산들바람이
이제 그만 내려가라
등을 떠밀어

아제 아제 바라 아제…

반야심경을 외우며
계단을 내려오는데

소나무 사이로
진달래 꽃 한 무더기가

나를 보더니

등에 보따리를 내려놓으라며
함박웃음을 활짝 터뜨리고 있었다.

삼전도의 굴욕을 잊었는가

아! 남한산성
오늘 그 비운의 산성에 올랐다

47일간 고립무원의 성에 갇힌 채 항복과 항전의 다툼은
치열하게 이어지고

인조仁祖는 끝내 삼전도三田渡의 수항단受降檀에서
'삼배구고두三拜九叩頭'의 역사를 쓰고 말았으니
이 숨길 수 없는 치욕의 역사여!

오랑캐와 왜구로부터 천 번에 이르는 침탈을 당하면서도
역사는 번번이 되풀이되고 말았으니

중국의 환향녀還鄕女와 일본의 위안부는
또 무엇이 다른가?

"기억하지 않는 역사는 되풀이된다." 했는데

북쪽은 정신병에 걸려 있고 남쪽은 남남 갈등으로 부질
없는 증오가 부글거리고 있으니, 우리의 복은 왜 이리도 짧

은 것일까

400년 역사가 정지된 듯 우뚝 서 있는 성곽을 따라 걸으며 어제를 돌아보고 오늘을 직시하며 내일을 당겨본다.

내 영혼에 불을 댕기다

겨울 어느 날
거실 소파에 앉아 책을 읽는다

'니체'와 '프로이트'를 만나
내 영혼에 불을 댕기고 있을 때

햇살이 거실까지 들어와
책갈피를 넘기면
먼저 행간을 읽어 버린다

바람이
무상경전을 설하려는 건지
유리창을 두드리다 가면

호롱불 심지 돋우며 책을 읽던
지난 시절이 가슴 짠하다

행복이란

내 안의

나 자신과의 대화를 통해
순간순간 만들어지는 것

책을 읽으며 영혼의 치유를 받는
따뜻한 겨울이었다.

아! 만제키 운하

– 대마도 역사탐방 길에서

쓰시마 섬을 가로지르는 '만제키' 운하
제국주의 일본은 이곳에 인공운하를 굴착하여 러시아의 발틱 함대를 괴멸시키고 러일전쟁을 승리로 이끌었다

그 여세를 몰아 '가쓰라–태프트' 밀약을 통하여
대한제국의 주권을 강탈하였으니 이것이 곧 단군이래 가장 치욕스런 경술국치庚戌國恥가 아니던가

아! 만제키 운하
그 위에 우뚝 선 '만관교'가 저들에게는 전승을 기리는 승전교가 되었지만 우리에게는 통한의 다리가 되었구나

그로부터 한 세기가 지난 오늘
나는 이 역사의 현장에서 구한말을 닮아가는 오늘의 현실을 보며 교각에 도장을 찍듯 무거운 발길을 내딛는다

이제, 전쟁의 상흔은 간데없고
아소만의 푸른 물결은 말이 없어도 우리는 결코 잊지 않으리라 역사가 우리에게 주는 냉엄한 교훈을…

파리 떼가 사라지는 날

한 번의 식사가
다시 술자리와 골프로 이어지고
부담 없이 받아두라며 놓고 간 돈 가방
한동안 까마득히 잊고 지나왔는데
시국이 하 수상하더니
어느 날 뜬금없이 뒷조사가 시작되고
캐면 캘수록 줄줄이 불거지는
썩은 고구마 뿌리
일면식도 없다고 잡아떼다가
꼬리가 밟히면 대가성이 없었다고
무슨 귀신 씻나락 까먹는 소리
겨누는 칼끝을 비켜보려 발버둥 쳐도
돈의 유혹에 꺾이고 만 자존심
아! 도처에 물들어 있는 썩은 냄새여
파리 떼가 사라지는 날은 언제쯤일까.

다시, 6월이 오면

빼꾸기 한 마리가
온 산에 설움을 쏟아놓는다

울다 그치고
또 울다 그치고

그날의 분노를 삼키며
흐느끼는 저 통곡 소리가
곡비처럼 서럽다

승자도 패자도 없이
포화 속에 떨어져간 꽃잎들
오늘에 피어나고

그날의 상처는
다시 도지는데

이 땅을 지키고자 산화하신
젊은 넋들이시여!

6월이 오면
나는 살아 있어 그날을 맞는다.

강이 풀려야

하늘을 가로질러
수만 리 장천을 날아왔건만

강이 그만
꽁꽁 얼어붙었다

삶의 터전을 앗아가 버린
저 동토의 땅

얼음장 위에
목을 꺾고 있는 철새 떼들이
패잔병처럼 참담하다

강이 풀려야
마음도 풀릴 텐데

또다시
입춘 한파가 몰아닥친다는
기상 예보에

철새들의 시름이
날로 깊어만 가고 있다.

건널 수 없는 강

너와 내 허리 가로질러
무심히 흐르는 강

그곳과 이곳이
눈앞에 바로 저기인데

우리들은
아득히 멀고 멀어

마음은
언제나 날개를 달지만
건널 수 없는 강

얼마나 강물이 흘러야
하나가 될까

하늘 끝자락은
노을이 붉게 타는데

오늘도

저무는 강가에서

우린 속으로 울며
애타게 강물만 흘렸구나.

이산가족

반세기가 넘어 만난 핏줄인데
또다시 헤어져야 하는 현실이 답답하구나
미처 하지 못한 말
종이에 쓰고 녹음으로 담고
또 하염없이 눈물을 매달고 손을 흔들며
애써 유리창에 손바닥을 겹쳐본다
머지않아 또 만날 수 있다 하지만
언제 다시 만날 기약도 없이
망연히 오지 않는 통일을 기다리다가
이제 저들은 하나둘씩
거의가 다 저세상으로 갔다
이 땅에 피와 살로 얽어놓은 혈육의 정을
누가 이렇게 끊어놓았는가
한 맺혀 죽지 못하고 기다린 사람들인데
혈육을 가로막는 자 누구인가
사람의 탈을 쓰고 금수만도 못해서야
역사는 필연코 저들의 죗값을 물으리라.

■ 작품해설

불성佛性이 짙은 철리哲理를 보듬는 문학적 구현

– 류인명 시인의 시, 그 담담한 서정성과 따뜻한 인간성을 조망함

소재호(시인 · 문학평론가)

■ 작품해설

불성佛性이 짙은 철리哲理를 보듬는 문학적 구현

– 류인명 시인의 시, 그 담담한 서정성과 따뜻한 인간성을 조망함

류인명 시인은 불성이 깊어서 그의 사유思惟는 장차 완전한 공空에 이르고자 한다. 그러나 그의 시는 종교적 논리에 함몰되어 시적 체계나 시적 구조 갖춤을 등한히 하지는 않는다. 저 두보가 말한 전경후정前景後情(시의 전반부는 사물의 사실적 묘사, 후반부는 화자의 정리情理를 표현)하는 그런 전개 방향으로 나가기도 한다.

또한 자연과 인간의 현현顯現을 1단계: 구상적 묘사→2단계: 동적 이미지, 행위 하는 실상구조→3단계: 반전, 현실부정, 자아부정, 또는 변곡점을 지나온 대칭적 형상→4단계: 궁극태에로의 귀의(초월자적 죽음, 해탈, 피안, 완전한 공, 막연한 이상적 세계, 적막과 고요, 적멸보궁)로 마침내 이상적 자기완성을 도모하려 한다.

언제나 심상心象 깊은 내면에는 무변광대한 대양으로 흘러가려는 완전한 자유의 물결이 굽이친다. 그 물굽이를 따

라가면 품격 높은 사람다운 사람의 상을 만나게 된다 그렇다고 유도儒道의 윤리 도덕관을 멀리함도 아니다. 효를 근본으로 하는 유전적 자아 형성은 오히려 그쪽으로 돌올하다. 그리고 그의 살아가는 삶의 운영체계는 절대로 동양적이다.

그의 시가 스스로 완성됨에 이르는 요건으로서 응축의미나 비약적 상징성이 절제된 시의 형상에 배태된다.

시의 삼 요소라 일컬어지는 의미적 요소, 회화적 요소, 음악적 요소 등도 등가적等價的 융합으로 시의 자질을 한껏 높이고 있다. 그런데 시가 교훈적이어야 할 필요는 없으나 가만히 불계佛界의 철학관이 내면에 출렁이면서 뭉클한 감동을 더 보탠다는 점이 류 시인에게 더 특징적이다. 불교의 논리를 펴는 모습은 매우 비약적인데 그 형모가 시의 그것과 비슷하여 상호 배합이 절묘하다.

그리고 위에서 운위한 바 공空으로의 귀의가 시들의 결구를 알차게 형성하는데 이 점이 자못 흥미롭다.

노자의 '스스로(自) 그러한 (然)대로'에 대입하여도 이질감이 드러나지도 않는다. 가령 「금강경」의 공空사상은 반야심경의 공空사상과도 일맥상통하는데 순수한 공의 상태를 붓다는 니르바나(涅槃)라고 부른다고 했다.

그것은 일체의 이분법을 완전히 폐기한 열린 의식의 경지로서 '존재하는 것도 아니며 존재하지 않는 것도 아니요, 존재와 비존재가 동시에 존재하는 것도 아니며 존재와 비존재가 동시에 존재하지 않는 것도 아니다.'라고 말한 언뜻

듣기로는 정신 분열적 자아가 시 속에서 오히려 맹렬히 의미적 요소를 부각시킨다. 또한 그의 시 속에서 초월적 자아로 정진精進하려는 니체적인 몸짓도 가끔 눈에 뜨인다. 자기를 철저히 윤리적 벼리에 가뒀던 현실에서 일탈하여 초연해지려는 내밀한 자기 음모(?)가 슬기롭게 배어 있다. 그런데 우주의 본질인 근본 생명의 원대한 카테고리를 형성하며 범자아凡自我 대자아大自我로 정진하는 자세가 경이롭기까지 한다. 그래서 그의 시를 집약적 언어로 표현하자면 불성이 짙은 철리를 보듬는 문학적 구현이라 이르고 싶다.

사실 시를 조망하기 전에 시인의 '인간됨'을 먼저 살펴야 했다. 그냥 인간학이 아니라 시를 창작하는 시인의 이모저모를 정중히 살펴볼 일이다.

류 시인은 모든 '시끄러운 새 떼의 지저귐을 다 포용하여 안고, 짙게 엄습해 오는 밤의 적막까지도 능히 받아들이며 심야의 늪 속에 스스로 의연한, 고요한 이상태의 늠름한 느티나무를 연상시킨다.

성품이 자질구레하지 않으며 대인다우면서도 한편 섬세하고 자상하다. 눈빛은 탐구적으로 형형하며 무엇이든 학습하려 한다. 그것은 우주의 본원인 자연에의 탐구이다.

다섯 자녀를 슬하에 두고 그 자녀들이 똑같이 두 남매씩을 두었다니 4×5=20이요 류 시인 부부를 합해서 22인의 행복한 삶들이 일가를 이룬다고 했다. 행복론의 22진법을 헤아리면서 다시 깊숙이 수신제가로 정중히 자신을 경영하는 양이 이미 범속을 벗고 있다.

이제 어두운 안목으로 그의 시 몇 편을 음미하고자 한다.

해 저문 바닷가
사람들의 발길도 이젠 뚝 끊기었다

하늘과 바다가 맞닿은 곳
망연히 수평선을 바라보고 서 있으면

끝없이 몰려 왔다가
발끝에서 부서지는 소리
그것은

자아를 실현하지 못한
한 영혼의 독백이리라

뭍에 사는 사람들이 그리워
산산조각이 나면서도
한사코 오르려 했던 네 고독한 도전

이제는 다 내려놓고
썰물로 돌아서야 할 시간

파도가 부서진 자리
수평선 너머 일몰이 서럽게 아름답다.

—「낙조」 전문

시가 자연스럽고 수수하다. 현란한 수사나 번뜩이는 기교가 배격된다. 류 시인의 시는 모두 그렇다. 그러나 시의 체질, 구조 갖춤은 오히려 탁월하고 절묘하다.

처음에 피력했듯아 현상묘사→현상에 대한 관조와 의미부여→비유적인 시적 자아출연→인생 현실태 규명→반전, 변곡점을 지나온 의연한 제 2의 자아 등장→궁극적인 미지에의 귀의, 마지막으로 정채精彩로 단장한 이상태의 형용, 이렇게 구조하며 이미지가 전개된다.

바다(물결, 노을)가 한 깊은 파도(영혼)로 달려와 발끝에 부서지는 소리로 치닫는다. 자아의 인생살이가 굽이굽이 파란만장한 세파를 넘어 막바지에 이르러 '부서지는 소리'라고 했다. '소리가 부서진다.'는 표현은 공감각적으로 빼어난 표현법이다. 지금까지의 삶으로 표상되었던 현실의 해체를 만난다. 그리고 명징한 철리로 재구성시키면서 일인칭 시점에 치환된다.

내 인생의 굽이굽이가 바다의 변화무쌍함과 다르지 않다. 무수한 시도(도전)도 끝내고 무위를 지나 허무에 이른다. 치열했던 삶도 마침내 허무, 무상으로 끝난다는 메시지다. 인간 세상의 혼탁한 무질서를 곡진하게 설명하고 있다.

'이제는 다 내려놓고 돌아서야 할 시간, 이 얼마나 엄숙한 선언인가? 이 얼마나 명료한 운명에의 귀의인가? 그리고 이 얼마나 초연한 자기 다스림인가? '돌아섬'은 온 곳으로 재귀함을 이른다. 그것은 무에서 왔다가 다시 무로 돌아감이다. 곧 색즉시공色卽是空 공즉시색空卽是色의 경지이다.

파도가 설움을 쏟아놓고 일몰이 서럽게 지는데 그것이 '아름답다'고 했다.

이 아이러니와 시의 전반에 굽이치는 패러독스가 시의 감동을 북돋운다. 시의 품격이 매우 높다.

강천산
산허리에 걸린 구름다리

사람들의 짐이 버거워
허공이 흔들리고 있다

삶은
가파른 외줄타기

차안과 피안이
눈앞에 지척인데

내딛는 발걸음은
왜 이리 무거울까

아내와 나
구름의 다리를 딛고

한 발 한 발
생의 강을 건너고 있다.

—「구름다리」 전문

이 시도 시의 자질이 빼어나다. 심도 있는 철학적 멘트가 확연히 눈에 띈다. 그런데 시적 형상화가 절묘한 점도 간과되어서는 안 된다. '시는 마치 달의 떠오름같이/ 마치 그 달이 어둠에 얽힌 나무들에게/ 가지를 하나하나 해방하듯이'라고 말한 '머클리쉬'의 시에 대한 단상이 상기된다.

이 시와 이미지가(의미가) 매우 흡사한 쇼펜하우어의 염세적인 시와 비교해 본다.

인간은 밧줄을 타는 곡예사
앞으로 나아가기도 위태롭고
뒤로 물러가기는 더 위태로워라
그렇다고 제자리에 머물러 있기는 더더욱 위태로워라

'산허리에 걸린 구름다리' '사람들의 짐이 버거워 허공이 흔들린다' '삶은 가파른 외줄타기' '차안과 피안이 지척인데' '한 발 한 발 생의 강을 건너' 등 자자이 방점이요, 구구이 비점이라고 했던 과거 시험장에서 좋은 글에 찬사 붙임의 말이 여기에 합당하다. 시의 테크닉이 매우 뛰어나다. 상징성이 훌륭하게 갖춰져 있다.

'구름다리'를 시제로 선택한 점부터가 이미 범상치 않다. 흔들리는 다리를 건너가며 어떻게 인생행로의 험난함을 결부시켜냈을까? 시가 저절로 풀린다. 아주 깊은 고민 끝에 단순하고 명료한 진리가 등장하는 예와 부합한다.

'내딛는 발걸음은 왜 이리 무거울까' 이 기막힌 반전은 시적 결기를 너무 충족시킨다. 다시 왜 아내를 등장시켰을까? 인생의 유일무이한 동반자가 함께 위태한 외줄 인생을 더듬는 중이다.

자연 순행의 큰 이법이 인간 현실태와 대칭되고, 피안과 차안이 대칭되고(어마어마하게 먼 거리를 한 뼘의 간극에 대치시키고) 중생과 불도의 세계를 서로 절묘하게 대칭시키며 역설적 사유로 뽑아내는 이 시는 참으로 높은 깃발로 펄럭이고 있다.

비안도
그 후미진 바닷가에서

정표로 주워온
몽돌 하나

억년의
묵언 수도승이다

거센 물결에 부대끼며
그 아픈 뒤척임

제 몸 닳아
저리 거듭나기까지

또, 안으로는
얼마나 많은 시간을

무두질했을까

몽돌 하나에서
억겁의 세월을 읽는다.

—「몽돌」 전문

몽돌은 그대로 상징어이다. 많은 형용과 의미를 외연으로 띄우고 또는 내포로 담아내는 형상화의 표상이다.

몽돌은 어떤 깊은 의미의 정표요 묵언의 수도승이요, 먼 세월의 뒤척임인 동시에 무한한 시간을 무두질한 행위의 생성물이다.

몽돌에는 억겁의 전생 업보가 얹혀 있다. 조약돌 하나에서 통시 통공을 관통하는 관찰자의 도력(?)이 나타난다. 수도하고 부대끼고, 무두질하고, 스쳐가는 주체들이 있었는데 다 무위로 삭고 소멸되고 그 잔상 잔영만 남는다.

돌의 내면에 불성을 끼친다. 둥근 형상은 많은 형극을 견뎌냄의 모습이며 모든 자연의 이법이 섭리한 뒤의 원숙과 완전에 이른 '원'이다. 원은 시작도 끝도 없다. 관찰자의 관점만 과거지향에서 추보한다. 물상 하나에서 철리를 궁구하는 인문학적 담론까지를 짚어내니 연상수법으로 인해 너무나 시를 옹글게 한다.

울퉁불퉁한 조약돌 하나는 오랜 세월 물결에 씻기고 닳아서 매끄럽게 되어진 물리적 현상일 뿐인데, 거룩하게도 전생과 전전생의 업보까지 유추해내니 시인의 상상력이 대단한 것이다.

지금까지 내 캔버스에는
어떤 무늬의 그림이 그려졌을까

찬찬히 들여다보면
지우고 싶은 얼룩도 많지만
이미 엎질러진 물

이젠 소멸된 길이보다
남아 있는 내 작은 한 토막이
더 소중하기에

조금 남은 이 몽당연필로
못다 그린 그림 그리다가

그날이 오면 한 마리 새가 되어
저 높은 창공을 나르리라

―「몽당연필」 일부

이 시는 사람의 생애를 몽당연필에 비유했다. 소멸된 세월도 한참 흘러가버렸고 남은 생은 조금 남았음을 담담하게 설명한다. 몽당연필은 남아 있는 생애의 짧음을 의미한다. 그런데 그 남은 생은 오히려 소중하다고 했다. '존재가 본질에 선행한다.'는 실존주의 사념도 읽혀진다.

서산대사가 했다는 말이 상기된다. 그의 초상화를 그린 화공이 서산대사에게 소감을 묻자 다음과 같이 말했다 한다. '지금은 이 그림이 나인데 나의 사후는 내가 바로 이 그

림이겠구나.' 하더란다

이승에 아직 체류하고 있는 나의 일부로서 그림이 존재하지만 나의 사후에는 나의 존재나 본질은 모두 소멸되고 내 초상화가 나의 전부로 표징된다는 정도의 의미일 성싶다.

류 시인의 그림은 바로 그의 생애이다. 몽당연필은 그의 생애를 구체화시키는 매개물이다. 그리고 한편 나를 이끌고 가는 운명이거나 나를 시간차에 따라 변용시키는 절대자일 수도 있고 나의 삼생(과거 생, 현재 생, 미래 생)을 연출하는 부처님일 수도 있겠다.

내 그림은 몽당연필로 좋게도 나쁘게도 그려진다.

종국에는 '한 마리 새가 되어 저 높은 곳을 오를 것이라.' 했다. 완전한 자유를 누리게 되는 나의 영혼은 생을 마감한 후 적멸보궁에 들 것이다. 옳고 그름이나 좋고 나쁨의 이분법을 초월한 경지를 누리게 되는 나의 미래는 이상태의 완벽한 세상이 도래할 것이다.

> 숨소리마저 멈춰버린 이 고요
> 그곳을 한참 지나올 때까지
> 느티나무는 무거운 적막을 이고 서 있었다.
>
> —「느티나무, 그 적막」 일부

'새 떼들이 허공에서 까맣게 쏟아져→느티나무에 숨고→

불꽃 튀는 토론(지저귐) …(사람들 무질서한 말)… 인기척을 느낀 새들의 침묵→느티나무가 적막을 이고' 이렇게 시의 질료들은 서로를 이끌며 우화적으로 인간 교훈을 설파한다. 새 떼는 분별심 없고 사악함이 가슴 가득한 속된 인간들에 비유했고, 지나가는 나그네는 인생살이 저변을 스치는 두려움의 운명적 존재를 나타냈으며, 느티나무는 초연한 경지이거나, 부처님 자비의 전당이거나 환난으로 들끓는 현세의 대칭적 세계쯤 될 터이다. '숨소리도 멈춘 고요' '적막을 이고' '새 떼가 까맣게 쏟아져' 등등은 시적 표현 기교가 옹골차다.

잠든 아내를
물끄러미 바라보고 있다

엊그제 푸른 가시를 세우던 장미였는데
어느새 단풍이 드는구나

산모퉁이를 돌아가면
기슭엔 희끗희끗 서릿발이 내리고
뱃살도 사뭇 자리를 잡았다

―「아내의 계절」 일부

아내의 젊은 시절과 그 뒤안길을 회고한다. 반려자의 삶은 바로 나의 인생 그것이었다. 계절은 끊임없이 순행하는 법, 자연의 변이를 아내의 늙어가는 모습에 비유했다. 아내는 지금 곤히 잠들어 있다. 현재에 과거가 오버랩된다. 시인은 3인칭 관찰자 시점에서 관조한다. 아내만 늙는 게 아니다. 결국 자신의 삶을 회고하는 거나 다름이 아니다.

김수환 추기경님이 생전에 하셨다는 말씀이 있다.

'내게서 머리를 출발한 사랑이 가슴에 도달하기까지 70년이 걸렸다는 말씀. 아내의 삶을 그 파란만장한 애환을 70세가 넘어서야 '가슴 짠하게' 응시한다는 것은 진정한 사랑에 도달했음이다. 참으로 류 시인은 이제야 철이 든(?) 것이다.

> 섣달 그믐날
> 백자 항아리 하나 그만 깨뜨리고 말았다
>
> 쨍그랑
> 한순간 가슴이 내려앉는다
>
> 하늘에서 초롱초롱 반짝이던
> 『반야심경』 이백육십 자가
> 한낱 사금파리가 되어버리는 순간
>
> 나는 한동안
> 그것들의 신음 소리만 지켜보고 있었다
>
> —「사금파리가 되다」 일부

이 시는 마침내 '상이 상이 아닌 줄 알면 여래를 보리라.' 하는 알 듯 말 듯한 말씀에 귀의한다. 『반야심경』 말씀에

'있음이 없음이요, 없음이 있음이로다.'라는 뜻으로 의역되는 내용이 있다. 항아리의 문화재적인 존귀성, 『반야심경』의 고귀한 경서의 말씀이 동시에 '무'로 돌아감에 작가는 너무 안타까워했다. 천둥번개가 온 세상을 진동시키며 저 짙은 어둠을 가르는 장엄함으로 파멸, 분쇄, 파적破寂의 경천동지한 찰나가 지난 뒤 눈부신 햇살이 푸른 초원에 무지개를 꽂듯이 작가는 스스로 심한 오뇌를 지나 '깨달음'에로의 자기 전이를 거쳐 사금파리라는 무유無有를 받아들여 이 존재와 무의 진행 상황을 음미하며 다시 경이로운 적멸을 맞이한다. 참으로 경의롭다.

그래도
놓아버리지 않고 건너온
그 아슬아슬한 밧줄

삶은 그렇게
자기의 길을 가는 것

길은 멀어도
자신과의 만나는 일에 길들이며
남은 길을 가다가

그날이 오면
하늘에 오색 무지개 하나 그으리라.

—「길 위에서」 일부

이 시는 달팽이가 길을 미끄러져 가는 행위에 인생 행로의 형식을 의탁했다. 달팽이는 더디게 길을 터 간다. 길목마다 무수한 위험이 도사리고 시련이 앞을 가로막는다.

형극의 길은 마치 인생의 고뇌에 찬 삶과 흡사하다. 크게 논하면 예정된 운명 같은 것 그 정해진 길을 가지만 한편 인간은 자신의 길을 자신이 개척하고 선택하므로 스스로 부담해야 할 지난한 역경과 고독이 있는 것이다.

'그날이 오면 하늘에 오색 무지개 하나 그으리라'라고 종결을 맺는다. 그날은 인생의 삶이 끝나는 날이다. 죽음의 문을 두드리는 날이다. 무지개 뜬 하늘은 이때 천국이거나 시인이 설정한 이상향일 것이다.

담담하게 자신의 운명을 받아들이는 자세가 경건하다.

나 어릴 적
뒷산에 쑥국새 혼자서 울어 싸면

산도
따라서 울었지

흐느끼는 그 산울림은
밭이랑을 매시던 우리 어머니
가슴 터지는 소린 것을

—「사리가 된 말」 일부

세월이 가면 잊힐 줄 알았는데

자식 노릇 한 번 제대로 해보지 못한 회한이
이렇게 가슴에 못이 될 줄을
이제 와서 때늦은 후회가 무슨 소용이 있으리요
－「그곳은 무더위가 없던가요」 일부

두 편의 시를 연첩시켰다. 어머니를 그리는 절절한 내용의 시다. '문학은 감동이다.'라는 전제를 두었을 때 시의 형질이 어떻든 간에, 문학적 표현의 호불호 간에 '사모곡'은 그대로 감동의 도가니가 된다. '어머니'의 어머니란 낱말 소리만 들어도 벌써 눈물이 난다고 했던 어떤 유명 소설가의 심금에 다르지 않다. 쑥국새의 울음은 산천을 울리고 어머니의 한 서린 울음을 대신한다. 천상천하 3,000명의 신들이 모여 우주에서 제일 거룩한 사랑의 신을 창조하자고 결의하여 모였다고 했다. 누가 만들어낸 허언이겠지만 그렇게 해서 창조된 신이 어머니요, 어머니의 모성이란다. 신이 베풀 수 없는 상상 위의 사랑을 우리는 모두 받고서 하나하나의 '사람'이 된 것이다.

이제 류 시인의 시 감상 시간을 접는다. 류 시인의 시는 갑갑하거나 답답하지 않고 술술 잘 풀린다. 심오한 철리哲理가 굽이치지만 딱딱하고 건조한 주지주의 형모는 아니고, 가만히 사무치는 서정시이다.

기교로 억지 부리는 장식은 전혀 없고 그대로 전신으로 진실을 속삭인다. 시 속의 자아는 인간성을 따뜻하게 가꾼 점으로 연유하여 더욱 경외감을 자아낸다.

류인명 제2시집

둥지에 부는 바람

인쇄 2014년 08월 29일
발행 2014년 09월 04일

지은이 류인명
발행인 서정환
펴낸곳 신아출판사
주소 전북 전주시 완산구 공북 1길 16(태평동 251-30)
전화 (063) 275-4000 · 0484 · 6374
팩스 (063) 274-3131
이메일 shina2347@naver.com sina321@hanmail.net
출판등록 제465-1984-000004호
인쇄 · 제본 신아출판사

ISBN 979-11-5605-128-2 03810
값 9,000원

이 도서의 국립중앙도서관 출판시도서목록(CIP)은 서지정보유통지원시스템 홈페이지(http://seoji.nl.go.kr)와 국가자료공동목록시스템(http://www.nl.go.kr/kolisnet)에서 이용하실 수 있습니다.(CIP제어번호: CIP2014025716)

Printed in KOREA

이 시집의 발간비 일부는 전라북도 문화예술진흥기금의 지원을 받았습니다.